Le Dernier
Parfum

Cet ouvrage a été édité avec le soutien de
« J'y retourne immédiatement ! »
et le mécénat d'Art et Parfum.

j'y retourne
immédiatement !

Art & Parfum

ISBN : 978-2-36013-716-9

85, rue de Gergovie
75014 Paris
www.riveneuve.com

Le Dernier Parfum

MONOLOGUE
POUR UNE ACTRICE

BÉNÉDICTE NÉCAILLE

Préface de Jean-Claude Ellena

Riveneuve / Archimbaud

Préface

Nous nous étions retrouvés au Café Marly, sous les arcades du Louvre, Bénédicte m'avait présenté une comédienne du Français, c'est le nom qu'ils se donnent entre eux pour parler de la Comédie-Française, de la même façon que nous donnons un diminutif à nos prénoms, ce qui ne les diminue en rien, mais les habille d'intimité. Nous avons parlé de parfums, d'odeurs, de l'importance qu'ils ont dans notre quotidien sans s'en apercevoir ; puis elle, la comédienne, m'avait invité à voir sa loge, c'était à côté. Nous étions entrés par l'entrée des artistes, elle n'a pas la grandeur, l'apparat, la bienveillance de l'entrée des spectateurs, elle a l'odeur du quotidien, des camarades de scène, des parfums qu'ils portent, des cigarettes qu'ils fument, du travail qui les attend. Elle ouvrit la porte, la loge était petite, mais lumineuse avec une vue sur la place du Palais-Royal. Dans un coin, un petit lit pour le repos, à son côté une armoire pour les costumes, et surtout une coiffeuse avec un grand miroir. Elle m'invita à m'assoir à sa place, là où elle se transformait, se métamorphosait, devenait une autre. Elle ouvrit le tiroir aux parfums et m'expliqua qu'à chaque rôle elle choisissait un nouveau parfum qu'elle portait tout au long des représentations en précisant qu'elle parfumait uniquement ses habits, pas sa peau ; puis me proposa un jeu. Il consistait à sentir les parfums qu'elle avait choisis et dire le genre de femme, de personnage, qu'il m'évoquait. De peur que nos imaginaires ne soient pas à l'unisson, j'hésitais ; comme elle insistait, je pris un premier parfum, il sentait une peau douce, une peau d'adolescente, de musc blanc et de vanille, elle sourit et répondit que c'était comme cela qu'elle avait voulu être, le second parfum était troublant et mystérieux et sentait la rose et le patchouli. Elle se retrouvait dans mes mots, j'étais surpris des correspondances. J'allais sentir une quinzaine de parfums et chaque fois m'émerveiller de la justesse de ses choix.

Endosser un parfum et devenir une autre, seule une actrice pouvait l'imaginer et l'offrir.

JEAN-CLAUDE ELLENA

Pour Françoise Gillard,
507e Sociétaire de la Comédie-Française,
À Jean-Claude Ellena,
Artisans d'éphémère.

Je me souviens d'avoir franchi la porte de l'entrée des artistes, place Colette. Puis, machinalement, ma main a attrapé le courrier qui m'attendait, dans le petit casier de bois vertical sur lequel est collée l'étiquette qui porte mon nom, dans la loge du concierge, tout de suite à gauche, en entrant. Une enveloppe m'a affolé les doigts mais j'ai poursuivi ma marche à travers le premier couloir d'aspect soviétique qui mène à l'ascenseur des loges.

Ma main libre a appuyé sur le bouton d'étage, pris ma clé dans ma poche, ouvert ma porte. Je suis arrivée sans même m'en rendre compte. J'ai vite refermé la porte sur cette odeur de « chez moi ».

Ici, ce n'est pas grand, mais c'est délicat.

J'ai d'abord vérifié dans le miroir que c'était bien moi, je me suis assise devant ma coiffeuse et, comme chaque jour, j'ai ouvert le premier tiroir à ma droite, inspiré, puis je l'ai refermé. Enfin, j'ai lâché mon courrier, déposé mon sac et enlevé mon manteau.

Tout était là, en place. Depuis l'armoire entrouverte, les costumes du jour m'attendaient. Sur la table, un flacon de parfum et la brochure du spectacle en cours : *Bérénice*.

J'allais changer de monde.

Acétate de tri-chloro-méthyl-phényl-propylique,
iso-bornyl-cyclo-hexanol,
alcool phényl-éthylique, acétate de para-tertio-butyl-cyclo-hexanol,
ionone, aldéhyde, dihydro-jasmonate de méthyle,
dimethyl sulfide.

Acétate de tri-chloro-méthyl-phényl-propylique,
c'est la rose.
Iso-bornyl-cyclo-hexanol,
le santal.
Alcool phényl-éthylique,
la vieille rose.
Acétate de para-tertio-butyl-cyclo-hexanol,
la fleur sans nom.

Ionone, aldéhyde,
la racine et le métal ou la framboise, ou…
Dihydro-jasmonate de méthyle,
le jasmin éthéré.
Dimethyl sulfide,
la truffe.

Passer de l'odeur de la rose à la vieille rose, à la fleur qui ne sent rien, puis un sursaut par le santal, avant embaumement, pour rejoindre l'éther du jasmin, hésitant entre finir truffe sous terre ou racine de métal…

Acétate de tri-chloro-méthyl-phényl-propylique ; alcool phényl-éthylique ; acétate de para-tertio-butyl-cyclo-hexanol ; iso-bornyl-cyclo-hexanol ; dihydro-jasmonate de méthyle ; dimethyl sulfide ; ionone ; aldéhyde.

Je préfère cet exercice d'articulation, à ma manière, plutôt que le fameux exercice du dé en bois, si cher à certains collègues. Pour obtenir une meilleure diction, il faut se coincer entre les incisives un petit dé en buis, fabriqué maison par les accessoiristes, et dire son texte. J'étais là le soir où un collègue a failli rater son entrée en scène. Il était en coulisse en train de s'étouffer avec son dé, qu'il avait malencontreusement aspiré.

À ce souvenir, j'étais retournée ouvrir le tiroir de ma coiffeuse.

« Entre ici ! »
Mon Panthéon.
La seule mémoire que j'ai et que j'aimerais ne pas perdre.
J'ai entendu Planchon dire que le guépard meurt avec ses taches et que, nous, les acteurs, nous sommes comme des armoires qui ont des tiroirs, et que nous mourrons avec nos tiroirs.
Mourir avec nos tiroirs ?
Le tiroir de Tante Marcelle, dedans, il y avait le portrait de son amour éternel. J'ai à peine pu l'entrevoir. Tante Marcelle était une splendide armoire flamande, en bois de rose sculpté et bois de chêne.
Le tiroir de Maman, un pull rose tout doux avec des petits poils qui chatouillent le nez et qui font rire…

Mon tiroir ? Je n'en ai qu'un, celui-là. C'est fou comme de moi je ne sais rien... Je ne sais que mes rôles, et leurs parfums.

Je ne pouvais céder à aucune mélancolie et je me suis redit une dernière fois le texte de Bérénice.

« Dans un mois, dans un an, comment souffrirons-nous ?
Seigneur que tant de mers me séparent de vous ?
Que le jour recommence et que le jour finisse,
Sans que jamais Titus puisse voir Bérénice,
Sans que de tout le jour je puisse voir Titus[1] *? »*

Un jour, l'Administrateur a organisé pour certains acteurs de la Maison une conversation publique avec des maîtres d'autres arts : gastronomes, peintres, parfumeurs.
Ici, tout le monde sait que j'ai cette manie de me parfumer. On se moque un peu de moi.
Il m'a proposé la rencontre d'un nez.
Et j'ai été déçue.

C'était un snob ! Oui, il enfermait tout dans des formules chimiques et n'avait répondu à aucune de mes questions sur son artisanat.

Dix ans plus tard, je suis allée chemin Molière – cela ne s'invente pas. J'ai rencontré un autre nez, que j'admire parce que ses compositions me touchent profondément, sont toujours infiniment subtiles.
La rencontre avec ce nez a été très belle. Nous partageons les mêmes doutes et les mêmes émotions quand, fortuitement, une essence d'être apparaît, une vibration rendue palpable par les mots ou par les senteurs.
Il ne porte aucun parfum, pour ne pas fausser ses sensations. Moi, j'en porte énormément, pour trouver les sensations des mots de mes personnages. Je cherche des absolus d'être. Lui, je crois qu'il cherche à exprimer son intérêt pour ce qui est beau et qu'on ne réalise que quand on ne le voit plus.
L'absolu d'absence.
Je m'intéresse à tous les parfums mis sur le marché. Je déplore la standardisation des senteurs et le recours à l'unisexe de l'odeur, son « hygiénisation », mais je m'informe. Et je me laisse rêver avec la parfumerie de niche, comme on l'appelle.
Bonheur de ma truffe…

Je dois me rendre à l'évidence, je ne serai jamais nez.
Je suis devenue actrice par dépit, je voulais être nez.
Non, je suis devenue actrice par promesse.
On ne devrait jamais rien promettre.
J'ai promis, à Tante Marcelle, juste avant sa mort. Elle ne m'avait vu qu'une fois en scène et elle m'avait trouvée formidable, elle avait cru en moi. Alors j'ai cru à ce qu'elle avait vu de moi.

Je ne peux pas me plaindre de ma vie. Je me plains seulement d'avoir manqué d'être nez.
Mes parents ont toujours été gentils.
C'est grand-père Albert qui était méchant. Il ne m'aimait pas, mais pas du tout. Je n'existais pas pour lui. Rien. Que ma mère, et ma sœur.
Moi ? Le zéro et l'infini, dans le même temps.

« Que le jour recommence et que le jour finisse
Sans que jamais Titus puisse voir Bérénice
Sans que de tout le jour je puisse voir Titus[2] *? »*

La seule année heureuse avec lui, c'est quand il n'est pas venu en vacances avec nous, lorsque mes parents nous ont emmenées à Grasse, ma sœur et moi. Je m'en souviens si bien. J'avais quatorze ans. Ils avaient loué un tout petit appartement en bord de mer. Pour me faire très plaisir. On était allés visiter les usines de Fragonard. J'ouvrais grand mon nez. Tout sentait si bon. La lavande, le mimosa, le jasmin, la tubéreuse, la rose, l'ambre, le cèdre, la mousse de chêne ! La nuit, je rêvais que j'entrais à l'usine et que j'apprenais à faire du parfum. Petite main au royaume merveilleux des senteurs. J'étais venue en vacances avec la chemise cartonnée qui ne me quittait jamais, pleine des pages découpées des magazines de mode avec les publicités de parfum. Il y avait des femmes sublimes, abandonnées au soleil, des hommes face à des montagnes vertigineuses aux couleurs improbables, bleues, des pyramides d'Égypte, des photos de baisers, des lèvres rouges… J'avais une image, ma préférée, publicité pour le Comité français du parfum. On voyait le haut du corps d'une jeune femme, nue, le visage un peu bougon, comme peuvent être les moues adolescentes, enlacée par un homme, nu aussi, qui lui parlait ou l'embrassait à l'oreille. Et était écrit : *Sans parfum, la peau est muette.*

Il n'y a que les flacons vides que je n'emmenais pas avec moi. Ils restaient dans ma chambre, sur un présentoir que m'avait fabriqué mon père.
Maman m'aidait pour ma collection. Chez le coiffeur, elle récupérait les vieux magazines. Et à la boucherie de grand-père Albert, où elle tenait la caisse, elle demandait discrètement aux bonnes clientes de lui céder leurs flacons de parfum vides, « pour la petite »…
Chez Fragonard, à la fin de la visite, il avait été permis de poser des questions. La seule, vitale pour moi, était : comment fait-on pour être nez ?
– Il faut un don !
Ça avait sonné comme un non, pour moi. Et tout avait perdu son goût ce jour-là. Pêches, melons, tomates… même la mer ne sentait plus rien.
Et je les ai crus.

C'est pour cela que je continue à remplir les questionnaires des maisons de parfumerie.

Je les crois.
Je veux les croire, alors que je sais très bien aujourd'hui que tout cela est faux.
Il n'y a pas de don.

L'autre jour, j'ai eu envie d'un parfum, pour moi, il me fallait un parfum. Personne ne sait qui je suis ni ce que je désire profondément.
Sur le site internet d'une maison, ils proposaient de me donner le nom du parfum qui me correspondrait si je répondais à leur questionnaire. Alors je l'ai fait.
Ils me garantissaient savoir ce que je cherchais.

Premièrement : *Quelles qualités désirez-vous mettre en valeur à travers votre parfum ?*
Mystère, calme et beauté.
Je sais, ça sonne Baudelaire, mais dans les instructions, il fallait mettre peu de mots. Trois maximum. Et pas de phrases.

Deuxième question : *Pourquoi portez-vous du parfum ? Pour séduire, vous rafraîchir, apporter une touche finale…*
J'ai mis : Protéger. Me protéger.

Trois : *Un parfum pour vous-même, pour l'autre ou pour les autres ?*
Pour moi et pour les autres.
Franchement, cela m'a énervée. Je n'avais pas envie de savoir. Un parfum pour rien !

Quatre : *Quels sont les parfums qui vous ont le plus marqué ?*
Là, c'était compliqué de répondre. Parce que tous ceux de mes rôles m'ont marquée. J'ai écrit : *Hermès* et *Lutens.*

Cinquième question : *Avec quel style vestimentaire voulez-vous porter ce parfum ? Ex : soir habillé long, soir habillé court, ville jour, sport, campagne, etc.*
– Ville jour et soir chic.
Qu'est-ce que j'en sais ? Je ne me change pas tout le temps. Enfin, dans la vie.

Sixième question : *Quelles sont vos marques de vêtements préférées ?*
Rien de spécifique, ai-je noté.
Avec tous les costumes, je ne sais plus ce que j'aime, à part le confort. Je n'aime pas avoir froid.

Sept : *Quand désirez-vous porter votre parfum ? Et désirez-vous le porter dans un environnement particulier ?*
J'ai répondu : tout le jour et la nuit. Un parfum pour sortir et aussi un parfum pour la chambre ou un parfum pour la nuit.
Je ne sais pas s'ils ont compris.

Et la dernière question était : *Où habitez-vous ?*
Paris.
Puis j'ai donné mon nom, prénom et adresse de courriel.

J'ai attendu avec une petite inquiétude la réponse.
Rien n'a fait sens.
J'ai reçu ceci :

« Chère Madame,
Merci de l'attention que vous portez à la maison Kissenbon. En vous lisant, je pense que vous aimeriez : »
En me lisant ?! Alors qu'ils demandent trois mots pour chaque question, et pas une phrase. Mais je n'ai rien écrit !

« … *vous aimeriez* Monsieur *by Diar : Ruthless elegance. A man in a bespoke suit.* »
Ils m'ont pris pour une Américaine. *It's not me* !!! J'ai dit Paris, pas Paris Texas ! Et un homme !
« *Magnetic animal into something amazingly sophisticated.* »
Sophistiquée, oui ! Mais j'ai fait toute ma vie des rôles de femme et on me sort un homme ! Cela ne m'a pas inspirée du tout.

« … *vous aimeriez* Superstitions, *de Van Pif et Arpeges.* »
Là, ils s'y sont mis à deux et on repasse en français.
« *C'est l'odeur d'une robe,* »
?
« *un parfum couture pour le créateur Guy Lacloche. Infiniment profond, s'intensifiant sans fin,* »
Autant dire que ta robe, tu ne l'enlèveras jamais…
« *il recèle la complexité et le mystère d'une femme,* »
Pas trop dur à écrire, et si elle garde la robe…

« dans une réinterprétation moderne de la structure florale aldéhydée. »
Alors, si tu n'as pas lu l'*Encyclopédie du parfum*, la « structure florale », à la limite, tu vas penser aux fleurs, mais « aldéhydée »... là, tu es perdue. Aldéhydée, cela me fait penser à Adelaïde. Et puis, « réinterprétation moderne », cela m'énerve. Moderne, on n'entend plus que cela. C'est quoi l'opposé : ancien ? J'en fais partie. Déjà. Des anciens. Moderne, ça ne dure pas. Et « réinterprétation ». Pour masquer leur incapacité à créer ? Ils ne peuvent pas accepter de réinterpréter tout court. Ce qu'ils m'ont mise en colère !

« ... vous aimeriez... »
Troisième parfum.

« EN PASSANT, *de CRANEL. C'est une vision moderne de l'innocence. »*
C'est une vraie manie !
« L'odeur pure du lilas dans le vent. »
Là, c'est fort. L'odeur du lilas, d'accord. L'odeur pure du lilas, déjà, je sens moins bien, et si c'est dans le vent ! C'est quoi, l'odeur du vent ?

« Une composition impressionniste qui joue sur une seule note : le lilas blanc. »
Impressionniste, c'est plein de couleurs pour moi. Et finalement, ça ne sent pas le lilas, mais le lilas blanc. Je venais de me souvenir du parfum du lilas, mais violet.
« La réminiscence de l'enfance à travers le regard d'une artiste résolument contemporaine. »
Il faudra m'expliquer comment, étant vivante, ce nez ne serait pas contemporain…
Rien de tout ce blabla ne m'incite à sentir ces parfums choisis pour moi par un robot détraqué qui a dû en plus espionner mes algorithmes sur Internet…

Et le coup de grâce, pour la fin : *« Vous pouvez découvrir nos parfums en commandant notre coffret d'échantillons via le lien… »*
Et là, tu cliques et la boite proposée vaut 20 000 dollars, j'exagère à peine, bien plus que le prix d'un flacon normal.

J'ai commandé une fois du parfum sur Internet. Pendant la pandémie. Je travaillais La Fille dans *Music-hall* de Lagarce.

« La Fille, elle venait comme ça, du fond, là-bas,
Elle entrait,
Elle marchait lentement,
Du fond de la scène vers le public,
Et elle s'asseyait[3]. »

Je n'avais pas le choix, interdit de sortir, sauf pour aller répéter. Je voulais sentir la fille. J'ai tapé « music-hall parfum », pour voir. Ça existait ! Il y avait un flacon de l'*Olympia Music-Hall* à vendre. J'ai acheté, sans sentir. J'ai attendu le paquet, j'étais très excitée quand je l'ai ouvert. Surprise ! C'était tellement ça, ça sentait la fille…

Mais je ne peux pas me fier au hasard des ordinateurs.
Ce que j'aime dans le parfum, c'est la vie, c'est l'art.

J'étais entraînée par ma passion des parfums. Dans l'air de ma loge, flottaient mes rôles. Je ne savais pas, à ce moment-là, précisément, lequel cherchait à s'adresser à moi, mais je me suis retrouvée avec le flacon de *Jacomo* de Jacomo sous le nez.

« Moi, je croyais[4]… »

Moi, je croyais qu'il fallait un don pour être nez. Je voulais exprimer ce que je comprenais de la vie autour de moi avec le parfum, ce que je voyais, derrière les êtres.

« Moi, je croyais que l'amour[5]… »

Moi, je croyais qu'un personnage, pour exister avec moi, devait avoir son parfum. Alors j'ai cherché pour chaque rôle, je cherche à chaque nouveau rôle, le parfum qui lui correspond.

Moi, je croyais que j'aurais un jour le temps de laisser une trace, que c'est ça qui fait l'artiste. C'est pour ça que je voulais créer des parfums.

Moi, je croyais Hémon quand il m'a dit :

« Ton parfum était encore là, et je t'avais déjà pardonné[6]. »

Le fascinant pouvoir d'amour du parfum.

Et je ne te croyais pas, Antigone, quand tu lui as dit que « *le petit garçon que nous aurions eu tous les deux… tu sais, je l'aurais bien défendu contre tout. Il aurait eu une maman toute petite et mal peignée – mais plus sûre que toutes les mères du monde avec leurs vraies poitrines*[7] ».
J'avais peur de cette phrase, Antigone. Je la craignais. Je peux te le dire maintenant.
Tu vois, Antigone, je crois que, ce soir, j'arrête de croire.

Ça sent la terre, au loin, la racine.
Antigone, tu te souviens ? Ça sent comme tes mains qui ont gratté la terre.
Tu as été si importante pour moi.
C'est ton parfum, sens !
Je vois, Hémon, ton amoureux, qui te prend dans ses bras, toute la tendresse du monde qui t'étreint.
Oh, petite force !
Quand j'ai cherché ton odeur, tu m'as soufflé de choisir un parfum d'homme, parce que tu sais trop que les charmes d'une femme ne donneront jamais le pouvoir qu'ont les hommes. Tu refuses la féminité et je t'ai suivie, sans seins

ni fesses, avec ce parfum de virilité saine, de souffle marin qui emporte tout. Il te fallait cette odeur d'homme amoureux éternel, puissant, pour affronter ton oncle.
Trouver ce parfum m'a donné beaucoup de peine.

Comme figure d'homme à l'amour éternel, j'ai pensé d'abord à mon père. Il travaillait dans les assurances. Toujours impeccable. Mais jamais eu le temps de se préoccuper de moi, sauf de ma petite armoire à parfums.
Il n'a jamais porté de parfum. Alors, comment marcher vers lui ? Comment faire comme toi et le suivre ?
En ne me parfumant pas.
J'ai appris à aimer un père qui n'avait pas d'odeur.
Et pour m'en venger, pour donner chair à cette peau muette, j'ai porté les parfums de mes rôles.
Sur la tablette, au-dessus du lavabo de la salle de bain, aucun flacon *Pour un Homme,* qui l'aurait défini à mon nez, qui l'aurait rendu présent.

Chaque matin, il apparaissait à la table du petit-déjeuner repassé, rasé, gominé. Je ne sais rien de lui. Ni s'il portait un pyjama ni s'il dormait nu contre ma mère. Ni s'il avait des pantoufles dans lesquelles mon nez aurait pu trouver ce qui repoussait en lui. Il sentait la savonnette, le savon blanc. Et la menthe fraîche. Propre. Efficace. Il imposait ces senteurs au sortir de la salle de bain et mon imagination s'en trouvait entravée.
Je ne le sentais pas rentrer le soir après l'école.

Tu vois, Antigone, tu as tout misé sur ton père.
Moi, je devais compter sur ma mère.
Elle se parfumait le dimanche, et le dimanche, j'avais une autre maman, celle du dimanche. Et, si la semaine je passais près de son manteau du dimanche, elle m'apparaissait.

Il me fallait ton parfum d'homme. Hémon ressemblait à mon premier amoureux. Non, le second. Le premier était un camarade de lycée. Le second, Guillaume. J'adorai ses caresses sur mes bras. Il sentait l'homme, le désir, la puissance, la terre labourée.

Son parfum est devenu le tien, Antigone. Je peux te le dire aujourd'hui.
La nourrice, dans la pièce, me respirait chaque soir avec gourmandise.
Était-ce le parfum de son père ? Je ne lui ai jamais demandé.
En tout cas, ce parfum, c'était toi.

Ne t'inquiète pas, il est presque plein, tu ne vas pas disparaître !
Je ne reporte jamais le parfum d'un rôle après la dernière représentation. Je le mets là, au cimetière de ma mémoire.

Que vais-je porter quand je serai morte ? Un peu du parfum de chacun de mes rôles ? « Résine de rôles » ?…
Et sentir ainsi le vieux flacon de parfum oublié pendant des décennies ?
Les Égyptiens embaumaient leurs morts, leur vidaient la cervelle. L'important, c'était le cœur.
J'aurai combien à la pesée de mon âme ? Les vingt-et-un grammes ?... Ou certains personnages se seront évanouis avec une partie de moi ?
Peut-être me remplira-t-on de mousse de chêne ?

Ou alors on masquera l'odeur de ma putréfaction avec force fleurs blanches, lys et encore lys ?

Pas de lys.
Antigone, reste près de moi.

Pas de lys, j'en ai porté, de l'odeur de lys, pour Annie Ernaux, qui adore ces fleurs. Je jouais *L'Évènement* ; alors je lui avais demandé les fleurs qu'elle aimait.
Je n'ai pas du tout pensé à la mort ni aux enterrements. Ce n'est qu'aujourd'hui.

« *Dans un mois, dans un an, comment souffrirons-nous ?*
Seigneur, que tant de mers me séparent de vous ?
Que le jour recommence et que le jour finisse,
Sans que jamais Titus puisse voir Bérénice,
Sans que de tout le jour je puisse voir Titus ?
Mais quelle est mon erreur, et que de soins perdus[8] *!* »

Cela me bouleverse.
Elle aime ces fleurs, je voulais me rapprocher d'elle. Je n'entendais que le combat pour le droit à l'avortement, pas la mort. J'ai cherché chez Lutens un parfum qui sente le lys. Ils

me connaissent, depuis le temps. La vendeuse m'a tout de suite proposé *Vierge de fer.* J'avais trouvé. Courage de fer, pour pouvoir être soi.
Pas d'enfant.
Alors, pas de lys.

Pas de lys.
Pas de roses non plus.
À cause de Gisèle Halimi.
J'ai joué son rôle pour une pièce sur le procès de Bobigny. Je l'avais rencontrée pour me préparer. Elle m'a confié avoir porté depuis toujours *Paris*, d'Yves Saint-Laurent. Rose et soleil. J'ai alterné avec un autre parfum que la machiniste qui servait le spectacle m'avait offert : *N'aimez que moi* de Caron. C'étaient deux parfums très affirmés. Dans la pièce, Gisèle disait : « *Un être humain qui n'est pas libre de son corps, c'est un esclave*[9]. »
Ces textes sur l'avortement, c'était dur.
Être mère, donner la vie, c'est après que ça se joue, normalement, quand on peut être libre de son corps. J'étais loin de ça.
N'aimez que moi, ce parfum disait tout de la difficulté de s'imposer en tant que femme et

obligeait aussi à n'aimer que moi ! Il faut trouver un homme qui ait envie d'aimer une femme, dont le parfum est si tenace, un homme qui ait envie de m'aimer…

Aimer, être aimée, enfanter.

Je me suis mariée et je n'ai pas voulu d'enfant.

« Moi, je croyais que l'amour[10]*… »*

Oh, Antigone !
As-tu vu la tête du coquelicot sur la boite de Kenzo ? Il était fané d'avance, mon coquelicot ! Si j'y avais prêté attention, je ne me serais pas mariée, mais j'adorai ce parfum de vanille et de rose. Je me retrouvais sur la plage, la seule fois où je m'y étais allongée en vacances, pour mes quatorze ans, et aussi, dans l'appartement où je prenais un bain le soir avec ma sœur, en rentrant de la plage. Je me faisais une belle poitrine avec de la mousse. On riait. C'était doux, un temps où tout était possible pour moi, avant qu'on ne me parle du fameux don que je n'avais pas.

Ce parfum, je l'ai trouvé quand j'étais Marguerite, la jeune cousine de la comtesse dans *l'Âne et le Ruisseau* de Musset.
« *Il y a dans vos propos un parfum d'un autre monde*[11]. »
J'adorais dire cette phrase. Le parfum, ça me transporte, je m'imaginais autrement quand je le portais. C'est peut-être ainsi que j'ai trompé, à l'insu de moi-même, mon futur mari. Il a vu qui je n'étais pas.
Ma dernière réplique, c'était : « *Si j'y consens, c'est par bonté d'âme*[12]. »
Peux-tu me dire, Antigone, pourquoi suis-je si naïve, pourquoi n'ai-je rien compris à ce que je disais ?
Je me suis oubliée totalement « *par bonté d'âme* », par ivresse d'être une autre, envoutée par ce que provoquait le parfum. J'ai consenti à l'épouser, « *par bonté d'âme* » !

L'histoire s'est finie parce qu'il insistait pour qu'on ait un enfant.
J'avais pourtant été claire dès le début.
Ça reste une belle histoire, ce Kenzo.
Puis le coquelicot, qui ne sent pourtant rien, comme moi, est devenu l'emblème de Cyrano

de Bergerac, quand Christian, l'amoureux de Roxane, meurt dans le champ d'Arras. On répandait des pétales en scène pour figurer son sang.
J'étais Roxane.
Je suis Roxane.

« *L'inexistante Roxane* », a écrit la critique du quotidien le plus lu des Français.
Cette femme m'a anéantie avec cet adjectif inodore : inexistante. Jalousie pure. Elle aimait mon mari, il la faisait rêver, elle fantasmait pour lui une autre femme que moi. Étais-je trop discrète ?
En scène je portais *Juste un rêve* de Nicolaï. Je ne revendiquais rien, juste un rêve…
Dans la pièce, un cadet disait après mon passage : « *Tout le camp sent l'iris*[13]. » C'était doux, poudré. Ça sentait l'iris, pour de vrai. J'écoutais Cyrano, les larmes aux yeux : « *Mais on ne se bat pas dans l'espoir du succès ! Non ! non, c'est bien plus beau lorsque c'est inutile*[14]. »
J'ai appris depuis que *Juste un rêve* en était tellement un pour moi que ce parfum ne contenait pas d'iris…

Antigone,
Pourquoi mon père ne se parfumait-il pas ?

Je ne recevais aucune réponse à cette question. L'heure avançait vers le moment fatal de mon entrée en scène.

Allez, Psyché, les dents !

« *Le serpent que j'attends peut vous être funeste,*
Vous envelopper dans mon sort,
Et me porter en vous une seconde mort.
Le Ciel seul m'a condamnée
À son haleine empoisonnée ;
Rien ne saurait me secourir
Et je n'ai pas besoin d'exemple pour mourir[15]. »

Nous, les acteurs, on se lave les dents bien plus que nécessaire. Question de vie ou de mort ! Nous avons peur de nos haleines de monstres, peur qu'elles tuent. On pourrait se faire renvoyer pour défaut d'hygiène buccale. Alors on brosse, avant la répétition, après la répétition, avant de jouer, à la pause, après avoir joué…

Menthe fraîche, comme Papa.
Je ne sais même pas s'il a su l'histoire de grand-père Albert.
Grand-père Albert n'était pas du tout le père de Maman. C'était son neveu, donc mon cousin… Je l'ai appris récemment, par une indiscrétion de ma sœur.
Il a été abandonné à sa naissance par tante Marcelle, la grande sœur de Maman, de dix-sept ans son aînée.
Marcelle avait trouvé amour et fortune aux colonies. Le Congo belge. *Ciao tutti* ! Le type qui l'avait mise enceinte n'avait qu'à se débrouiller. Et, bien sûr, c'est ma grand-mère qui a récupéré le petit.

Albert n'a revu que deux fois sa mère. Quand, devenue veuve, elle est rentrée à Bruxelles, il était adolescent. Puis à son enterrement. Grand-mère ne voulait plus entendre parler de cette fille indigne.
Pourtant, Marcelle était tout amour à son retour.
Elle s'était retrouvée dans l'inextricable, comme *Par Amour*, ce parfum que j'avais porté pour

Griefs, le texte de Bergman où mon personnage était victime de son amour.
Le flacon avait un petit poussoir en forme de cœur.
« *Les baisers, il ne faut pas oublier les baisers*[16]... »
L'odeur des baisers avait rendu folle Marcelle, et mon personnage Anna.
L'odeur des baisers lui avait donné accès à l'Amour.
Ça me faisait penser aux lèvres gourmandes des annonces de Chanel, d'Yves Saint-Laurent.

J'ai joué l'Amour, le dieu, Psyché percé par Cupidon.
« *Et de quelque côté que tournent mes frayeurs*
Je ne vois, sous mes pas que de l'or ou des fleurs[17]. »
Cupidon portait l'*Eau des jardins*, cette eau de toilette légère, insouciante. Comme quand on se prend doucement dans les bras, sans penser plus loin.
« *Ô ciel, quand l'Amour m'abandonne*
Pourquoi me laisse-t-il l'amour qu'il m'a donné[18] ? »
Et c'est la comédienne qui jouait une de mes sœurs dans la pièce qui m'a tendu le piège,

telle Brangaine préparant le philtre d'amour pour Tristan et Yseult, le piège de Cupidon, en m'offrant un parfum de musc à porter en scène.
Tu t'approches et tu sens l'amour, charnel, parce que c'est aussi ça, l'amour. Pas uniquement l'enthousiasme innocent de Cupidon face à la beauté. Et tu te retrouves accrochée à l'autre. Si c'est toi qui portes le musc, l'autre se retrouve accroché à toi…
C'est peut-être ce qui est arrivé à tante Marcelle, son type devait sentir le musc.
Mais « *des mots sont des mots, et des baisers sont des baisers*[19] », ma petite Rosette.

J'étais attirée par mon tiroir et j'en sortais un flacon.

On ne badine pas avec l'amour. Rosa. L'Erborario.
« *Vous respectez mon sourire, mais vous ne respectez guère mes lèvres, à ce qu'il me semble. Regardez donc ; voilà une goutte de pluie qui me tombe sur la main, et cependant le ciel est pur*[20]. »
Quelle mélancolie nous guette !

Quelle idiote !
Je me déprime.

Je me suis caché le nez entre mon pull et ma peau, j'ai fermé les yeux et je me suis respirée longuement. Hummmm ! Moi. Et, tranquillisée, j'ai commencé mes exercices d'assouplissement.

Quand je danse, pas besoin de parfum. Danser, ça fait bouger l'odeur, ça la communique, alors, il faut être prudente.
Ne pas donner d'indices.
J'aurais aimé être danseuse. Mais sans odeur, bien sûr. Le mouvement donne cette sensation de parfum au nez.
Danser, cela reste pour moi le rêve de mon premier spectacle, avec le premier amoureux qui m'avait embrassée. Ses parents avaient un cirque à la périphérie de Bruxelles. En cachette des miens, je faisais un numéro d'écuyère qui le rendait si fier.
Avant de rentrer à la maison, je me lavais bien, à la savonnette blanche, pour effacer l'odeur du cheval. Je ne pouvais pas leur en parler. Papa me voyait dans les assurances et grand-père Albert

ne jurait que par les métiers manuels comme le sien. Pour être assurée de rentrer de l'argent et être en mesure de prendre soin de ma sœur dans le futur. Coiffeuse, ça lui semblait bien. On en a toujours besoin, les cheveux, ça ne s'arrête que rarement de pousser.
Cela me tordait le ventre.
Il savait que je n'aimais du monde de la coiffure que les magazines que récupérait Maman pour ma collection de publicités de parfums.
Ah, il avait l'art de me faire mal, Albert. Comme s'il avait voulu que ma sœur soit sa seule enfant…

Je ne pouvais pas faire ce spectacle sans que quelqu'un de ma famille me regarde.
C'était trop dur.
Et les parents de mon copain risquaient de trouver bizarre que ma famille ne vienne pas.
Je n'avais pas dit que j'étais orpheline, puisque je ne l'étais pas.
J'étais juste orpheline de n'être pas nez. Et cela ne comptait que pour moi.
Alors, une semaine avant le jour « j », j'ai cherché l'adresse de tante Marcelle. Je voulais qu'elle

vienne me voir. C'était un mythe vivant pour moi, un mystère. Elle avait laissé Albert pour le Grand Amour. Mazette ! Toute la famille en parlait et on ne la voyait jamais.
Moi aussi, je voulais le Grand Amour et pas d'un méchant Albert dans le public, d'autant qu'il interdisait à Maman de m'aider pour mes devoirs quand ça parlait des colonies.

Une femme encore très belle m'ouvrit. Elle allait sur les quatre-vingt-dix ans mais avait des cheveux très noirs, un rouge à lèvres entre cardinal et prune, délicatement posé, sans déborder. Sur son décolleté encore profus, un pendentif allait se perdre entre ses seins. Et elle sentait un parfum puissant ; avant qu'elle n'ouvre la porte, j'en avais déjà les effluves. Du patchouli, de l'ambre, du musc. C'était un peu écœurant parce que ça sentait aussi la pomme d'amour, les cacahuètes caramélisées et la barbe à papa.
Je lui ai dit qui j'étais, elle m'a souri et m'a invitée à entrer. Elle a été flattée que je l'invite, elle, en particulier.
Le samedi suivant, elle vint m'applaudir et nous nous retrouvâmes après, autour d'un thé

et d'un *cake*, qu'elle avait confectionné à mon intention. Le cake était truffé de grosses cerises confites et d'angélique.
« J'ai fait pour lui des pâtes d'Angélique. »
« Vous savez qu'il n'est pas un très bon catholique[21] *! »*
Marcelle aimait beaucoup l'angélique, cela lui rappelait sa mère, c'était son prénom. Sa mère ne l'avait pas comprise. Ou l'avait jalousée, ayant été veuve très jeune. Tante Marcelle m'avait trouvée impressionnante et belle, lumineuse, avait-elle ajouté.
J'osais lui demander ce que c'était, le grand amour.

– Oh, ma petite. J'ai eu des années merveilleuses. L'amour, c'est du soleil sur ta peau quand tu as froid. C'est un homme doux, tendre, qui sent bon le cuir, le tabac et le coton attendri dans l'armoire, un homme qui te couvre de roses. Et, au Congo, elles étaient rares. Des bras qui t'enserrent et te rassurent. Il ne pouvait pas avoir d'enfants, et moi, le mien, je ne l'avais pas eu comme il faut… Mon petit Albert ne m'a pas manqué. J'étais libre avec mon homme, chacun vivait ses désirs.

Je devais la revoir, mais elle est morte huit jours plus tard. Et je lui ai promis que je serai une grande actrice, avec sa distinction et en vivant un grand amour.

Il faut me rendre à l'évidence, le grand amour…

Je n'avais plus que mon tiroir à interroger et un flacon s'est présenté à moi.

« Qu'est-ce qu'une étreinte charnelle[22] *? »*
Mon premier parfum et mon premier rôle à Paris, Thomasina dans *Arcadia* de Tom Stoppard.
Thomasina ne pouvait pas être moi, il lui fallait son identité. Je trouvais incongru qu'elle me sente. Elle a douze ans puis seize. J'ai trouvé *Vanille Abricot*, chez Comptoir Sud Pacifique. C'était l'enfance, le lange de coton qu'on colle sous le nez du bébé, la gourmandise de la compote. Dans la pièce, elle est une mathématicienne douée et elle cherche la femme en elle.
Elle pense qu'on peut décrire tout l'avenir avec des formules mathématiques.

Je rêvais à mon précepteur dans la vraie vie, mais je n'en avais pas ; je faisais corps avec Thomasina quand elle s'opposait au sien, dont elle était amoureuse mais qui brisait ses rêves en voulant lui enseigner qui était Cléopâtre.
« Cléopâtre ? Elle ramène toujours tout aux choses de l'amour. Amour naissant, amour absent, amour expirant. Avec une héroïne comme ça, les femmes ont toujours l'air de nouilles ! C'est vrai… Il suffit qu'un général romain débarque sous ses fenêtres, et adieu Empire ! Vendu comme un vulgaire tapis sur le marché du Caire […] La nouille a consommé l'étreinte charnelle avec l'ennemi, qui l'a récompensée en mettant le feu à la grande bibliothèque d'Alexandrie. Des milliers de poèmes ! La collection d'Aristote lui-même qui avait été ramenée en Égypte par un aïeul de la nouille ! C'est à pleurer, non[23] *? »*
Depuis, je sais par Céline que la nouille, ça ne sent pas. C'est ce qu'il disait pour justifier les pâtes que lui faisait sa mère, pas d'odeur, pour ne pas donner d'odeur au linge des clientes. Cléopâtre, une nouille, sans odeur.

Le grand amour ?

« Le petit bateau a fait naufrage[24]. »

Me souvenir de cette réplique a fait jaillir le rire en moi. C'était absurde. J'ai reposé le parfum dans le tiroir.

« Qu'est-ce que je vais faire[25] ? »
Ça, c'est la première réplique d'Alarica, princesse du texte d'Audiberti. Relents de *Patchouli antique* des Néréides.
« Qu'est-ce que je vais faire ? » Pouh ! Traversée longue et difficile.
Le patchouli, c'est ambigu.

Ma dernière réplique ? *« Le mal court. »*
Je n'ai vraiment jamais porté attention à ce qu'on me faisait dire. *« Le mal court. »*

La lettre qui m'avait brûlé les doigts s'est imposée furtivement à mon regard, mais j'avais l'esprit tellement concentré sur les parfums du passé que l'odeur de soufre du présent s'effaçait.

Ma sœur est née sourde. C'est grand-père Albert qui s'en est rendu compte, personne ne l'avait remarqué. Elle aurait dû parler quand je suis entrée en primaire, et rien. Aucun babil. Personne ne s'intéressa plus à moi, il y avait plus important avec ma sœur, un vrai problème.

Je fis tout pour devenir transparente, facile, taiseuse.

On excusait tout à ma sœur, il fallait comprendre. Moi, je ne comprenais qu'une chose, c'est que je devais me fondre dans les désirs de ma sœur qui s'agaçait non seulement de ne pas entendre mais surtout de ne pas se faire entendre. Je mettais mon nez dans mon pull.

C'est au retour des vacances de Grasse que grand-père Albert a été le plus méchant. J'avais ma collection de flacons vides et j'avais compris que je ne serais jamais nez. Mes parents lui avaient raconté ma déception. Et il souffla à ma sœur de demander un flacon pour elle, mais plein, naturellement, un vrai flacon de parfum. J'étais la grande, je volais parfois un petit « pschitt » au flacon de Maman, qu'elle gardait précieusement. *Trésor*, de Lancôme, qu'elle ne portait que le dimanche.

Et voilà que ma sœur allait avoir un parfum, alors que je n'en avais pas.

L'idée de faire du parfum était mon rêve, mais porter du parfum me plaisait aussi.
À la supérette, au rayon hygiène, Maman trouva *Vanderbilt* de Vanderbilt. La boite était rose, le parfum plaisait à ma sœur, elle fut ravie, je fus amère.
Je me suis bien rattrapée depuis !

Et j'ai même mis son parfum pour *Les Enfants du silence*…
Sur le flacon de ma sœur, il y avait un oiseau, un cygne. Elle l'adorait. Je le trouvais ridicule. Si je lui cachais son flacon, elle se sentait très mal, son émotion était trop forte, ça l'engloutissait.
Pour jouer Sarah, la jeune fille sourde, j'ai mis *Vanderbilt.* Je portais l'odeur de ma sœur, celle des gommes parfumées de petite-fille dont je faisais collection. J'en avais six cents !
Sarah a un petit salaire, alors il fallait un parfum bien mais pas trop cher. J'ai revu le cygne du supermarché pendant que j'apprenais la langue des signes.
Quand ma famille est venue, et ma sœur en premier, personne n'a reconnu *Vanderbilt.*

Il faut avouer que je ne parfume que mes costumes.
Jamais de parfum sur ma peau. Par principe. Pour éviter les confusions.
Parce qu'à incarner toutes les femmes que j'ai jouées, soir après soir, c'est très perturbant pour un mari, ou pour un homme dans votre lit. Comment peut-il savoir à quelle femme il s'adresse ? Quelle est la femme qui va être à ses côtés cette nuit, et demain au réveil ?
« Oh, ça sent bon la violette[26] *! »*
Et le voilà avec la femme mariée de *La Ronde* de Schnitzler qui retrouve son amant à l'hôtel. Si l'homme dans mon lit est un amant, je suis juste un peu gênée, mais si c'est mon mari …
Si je sens le jasmin, comme quand je jouais Colette, vu le fiasco du spectacle et la folie de la metteuse en scène, l'homme risque gros à me rappeler ce souvenir ! On avait tous quitté les répétitions, j'avais jeté mon sac, de rage. Pour la première, la metteuse en scène nous avait offert à chacun… un poisson rouge. J'avais pensé le mettre dans un flacon de *Chanel n°5* dont je ne me servais pas, mais je ne suis pas méchante.

Non, vraiment. Séparation indispensable.
Pas de parfum sur ma peau.
Pas de confusion entre mes rôles et moi.
Je ne veux pas ramener chez moi le sillage de mes pièces.

J'ai toute ma vie ici, dans ce tiroir, que j'ai laissé ouvert.

« Alors Sacha, tu humes ?
– Oui, Platonov, j'hume. »

Et je me souviens qu'en embrassant mon père en scène, je disais :
« Fi, qu'est-ce que tu sens le parfum[27] *? »*
Papa, un homme, ça se parfume, non ?
J'avais l'impression que tu préférais ma sœur.
Alors je criais. J'étais blessée, tellement. Je me sentais comme *La Mégère apprivoisée* à qui j'ai attribué *Musc blanc*, comme sent un animal.
« Vous ne voulez donc pas me souffrir ? Oh ! je vois bien qu'elle est votre bijou, qu'elle aura un mari, que moi il me faudra danser pieds nus au jour de ses noces, et qu'à cause de la prédilection que vous avez pour elle, il me faudra mener des

singes en enfer. Tenez, ne me parlez pas ; je vais aller me renfermer et pleurer de rage, jusqu'à ce que je puisse trouver l'occasion de me venger[28]. »
Je me suis bien vengée, Papa, avec tous ces parfums… et ça ne résout pas mon problème.
Qui suis-je ? La somme de tous les parfums que j'ai portés ? Ou l'absence de tout parfum ?

Agacée, j'ai refermé le tiroir.

« *Alors Sacha, tu humes*[29] *?* »
Oui, Tchékhov, je hume.
Je hume *Ombre rose*, qui ne se fait plus, ce parfum que j'ai peiné à trouver.
Aujourd'hui, je regrette que certains trésors olfactifs disparaissent pour une odeur « passe-partout » plus facile à vendre.
Sacha, l'épouse naïve : l'homme l'aime, mais la trompe.
Elle est si douce, si tendre, pour que Platonov soit bien. Elle lui aplanit toutes les rugosités de la vie, qu'il provoque lui-même ! Quand elle apprend qu'il la trompe, malgré l'existence de leur petit garçon, elle se jette sous un train, telle une ombre rose ! C'est tragique. J'ai mis

longtemps à trouver le parfum. Femme si difficile.
– Tante Marcelle ?

J'avais cru entendre sa voix, mais, ce soir-là, c'était une autre qui me poursuivait, qui ne me lâchait pas.

« Moi, je croyais[30]*… »*

Non, Antigone. Profondément, tu savais l'amour malheureux, tu ne croyais pas.
Et moi, je ne voulais pas savoir, je voulais croire l'amour heureux.
Mon premier amoureux au lycée, Jacques, m'avait offert *Ombre rose*, une folie d'adolescent. J'étais heureuse et fière. Mon premier flacon, et je portais son parfum en cachette. Poudre d'amour, secret et éclat dans le même geste de me parfumer, enfin. En terminale, après trois années, il m'a trompée avec une copine. Je ne pouvais pas le croire, j'avais organisé toute ma vie sentimentale dans une tranquille assurance auprès de lui. Et, d'un coup, j'ai eu mal, si mal.

« *On ne peut pas reconstruire deux fois le même bonheur*[31] », dit Sacha.
Je l'entendais quand j'ai abordé le rôle. Je ne voulais pas revenir à cette douloureuse sensation d'une joie fracassée. Et pourtant un soir, pendant les répétitions, au cours d'un dîner chez une camarade, je vais aux toilettes. Sur une étagère, un flacon vide d'*Ombre rose*. Je le reconnais, confusément. Je l'ouvre et tout me revient, atroce et délicieux. C'était bien celui-là, le parfum de Sacha.

Je revenais avec angoisse au tiroir et l'ouvrais de nouveau.

Poème. Il a viré… Pauvre vieux… On dirait un répulsif ! Rose et patchouli. J'adore le patchouli… comme Tante Marcelle, tiens.
Je l'ai porté pour jouer Juliette à Bruxelles, dans *Roméo et Juliette*.
Et à Paris, quand j'ai joué… oh, cette pièce d'Oscar Wilde… Avec *Un mari idéal !* Cela me rassurait de le porter à nouveau. Juliette cherchait un amour idéal après tout.

C'est la seule fois où j'ai remis un parfum et ça n'a pas été une réussite !
Avec mon accent belge, je peinais à articuler correctement « *fuyez, fuyez*[32] » et le metteur en scène n'a pas voulu modifier la réplique. Je n'ai absolument pas pensé que ce parfum représentait peut-être un appel inconscient pour trouver un Roméo pendant que, dans le même temps, je fuyais toute nouvelle situation amoureuse. D'autant plus que mon partenaire en scène détestait ce parfum… il n'en sentait que le côté répulsif ! Très vite, il m'a offert du *N° 5* de Chanel. Pour moi, ça sentait la vieille, l'échec total de la séduction, Rascar Capac, la momie sèche des *Sept Boules de cristal*, qui déchaîne le feu du ciel. Et je n'avais pas envie de cela. Je ne voulais rien déchaîner du tout… ni me retrouver en position fœtale, comme Rascar Capac. J'étais mal à l'aise et je ne l'ai pas porté, j'ai failli y faire crever le poisson rouge.
Depuis, je fais attention à ne pas incommoder mes partenaires.
Je teste en répétition, par petites touches, le parfum qui me semble convenir à mon personnage.

Dans les parfums, ce ne sont pas que de belles odeurs. Les parfumeurs utilisent des odeurs fécales, stercorales, des odeurs de cadavres aussi. Il y a des calculs rénaux de castor dans *Shalimar*… L'odeur sublime de la civette… Peut-être est-on morbide jusque dans notre odorat ? Certains aiment sentir la mort, le pourrissement, pendant que pour d'autres, rien ne la sublime.
Ceci étant, personne n'ira demander à sentir l'urine de fond de parking ou l'haleine de chien après qu'il aura mangé sa viande. Sentir ses pieds ou sentir ses pets, ça ne se raconte pas, mais il y en a qui en tirent plaisir. Nous, nous composons bien avec l'odeur métallique du sang menstruel. Si l'on fait comme au XVIIe siècle et qu'on oppose à la puanteur d'autres puanteurs, ça peut vite devenir irrespirable !
Le parfum qui dérange, c'est forcément celui d'un étranger. Et la faute, ça se sent. Alors, de là à charger l'étranger de toutes les fautes… C'est tellement basique que je cherche toujours mes parfums seule, juste le personnage et moi. Pour n'être parasitée par personne. C'est très intime.

À ce moment précis, j'ai entendu le régisseur qui faisait le décompte des vingt minutes avant le lever de rideau. Vite, il fallait que je m'habille et j'ai passé le costume de Bérénice.

Là, je peux bouger. Mais pour Elvire, la femme abandonnée de *Dom Juan*, c'était autre chose. On eût dit que je me caressai le flacon !
Je ne deviens pas vulgaire. Je vais bientôt entrer en scène et la tension monte…
J'avais une robe impossible. Énorme, en velours rouge, lourde, avec un panier colossal. Aucune chance de ramener Dom Juan à moi. L'amour avait tourné court. Et la religion, ça n'aide en rien. Je ne pouvais que poser mes mains sur la robe. Le costume me condamnait à l'immobilité, l'impuissance.
À la parfumerie, j'avais vu un flacon rouge, comme ma robe, avec une forme similaire. Je l'ai touché et j'ai eu cette même sensation qu'il n'y avait rien à faire. Elvire a porté *Rouge Hermès*.

Chaque soir, la même broyeuse dans le ventre. Je vais encore devoir m'affronter.

« *Ô, mon souverain roi, me voici tremblante et seule devant toi*[33]. »
C'était Esther. J'allais mal. Son parfum, c'était *Ambre sultan*. Mauvais souvenir. Si je le respire… Je ne vais pas bien.
« *Comment souffrirons-nous*[34] *?* »
Ce parfum qui sent l'ail, tout au loin, me lève le cœur par trop de concentration fauve. Esther plaidait l'injustice des Juifs pourchassés, son peuple, cela me demandait un tel effort que j'en faisais des malaises. Tante Marcelle m'avait parlé de sa liberté chèrement acquise. Je ne comprenais pas l'injustice.

Le régisseur a dit : « Bérénice, dans cinq minutes, en scène. » Cet *« en scène »* a précipité ma préparation. J'ai pulvérisé *Shalimar* sur mon costume et, une dernière fois, face au miroir :
« *Qu'avez-vous fait ? Hélas, je me suis crue aimée*[35]. »

Je suis descendue sur le plateau. Dans ma loge, le vide s'est rempli des mots de Racine qui sortaient par le haut-parleur du retour de scène.
« *Tout est prêt. On m'attend. Ne suivez point mes pas.*

Pour la dernière fois, adieu, Seigneur. »

Antiochus a conclu d'un :

« Hélas[36] *! »*

Et les applaudissements ont tapissé les murs. Je suis remontée dans ma loge, transpirante de cette tragédie et de l'effort qu'elle m'avait demandé.

« Hélas, pour me tromper je fais ce que je puis[37]*. »*

Je n'en peux plus de ce rôle.

« Je n'écoute plus rien ; et pour jamais adieu[38]*. »*

Tout sonnait différent ce soir.

Au deuxième rang, il y avait un monsieur qui est resté les yeux fermés tout le temps, même aux saluts. Étrange. Tout le monde a applaudi, sauf lui.

Je l'avais repéré.

Au début de la pièce, j'ai pensé que j'étais si ennuyeuse qu'il s'était endormi.

Tout de suite, j'ai jugé que je ne laissai ce soir aucune place à Bérénice, je n'étais que moi et mes angoisses. On a beau être notre personnage, on se dédouble en permanence. Je me suis reprise.

Non, le monsieur avait eu, lui aussi, une journée éprouvante. Il avait mal dormi la nuit précédente, car il avait des problèmes avec son chef au travail. On lui a refusé une promotion dont il avait vraiment besoin, pour l'argent. Ou alors sa femme est partie et il ne sait pas comment faire face. Il est venu au théâtre ce soir, parce que c'est elle qui a la garde des enfants cette semaine. Quand le noir se fait dans la salle, il se sent enfin bien, il écoute le murmure des alexandrins et il s'endort.

Cela m'a remuée. Je me suis reconcentrée sur mon articulation, sur le texte, pour arrêter de penser à la vie courante. Mais le monsieur avait toujours les yeux fermés.
Peut-être que mon parfum lui parvenait quand j'étais à l'avant-scène et lui percutait l'âme ? Peut-être était-il transporté vers celle qu'il avait aimée, l'envoûtante Bérénice de son cœur, sa femme qui s'appelle Babeth ? Il revivait leur rencontre, l'émoi qui lui avait pris le ventre, coupé le souffle, l'avait fait rougir et s'inventer n'importe quoi, comme savoir monter à cheval juste pour lui plaire, alors qu'elle ne voulait qu'avoir un homme avec un chien.

J'avais enfin remis mes vêtements. Je m'étais assise, décidée à lire ce courrier qui attendait sur la tablette. Je l'avais lu, c'était difficile. Mais j'étais encore entre mon rôle et moi-même, encore un peu sur scène, encore un peu auprès de ce spectateur étrange.

Ou alors, il est mort.
Il a laissé son corps planté là et il erre dans la salle en espérant que le pompier de service ne tarde pas à faire sa ronde pour qu'il puisse en sortir, parce qu'il n'a pas vu que tous les spectateurs sont partis et qu'on a éteint le lustre.
Oh ! et si c'était un parfumeur !
Dès que le pompier aura libéré son fantôme, en sortant de la salle, il prendra la petite porte qui mène au plateau depuis les coulisses, où les machinistes sont en train de passer l'aspirateur – ils aspirent les voix, les ondes –, alors il accélèrera et il s'engagera dans le couloir des loges, guidé par la trace de mon parfum, le dernier qu'il aura perçu avant de mourir, et il s'arrêtera devant ma porte, ne sachant comment frapper dorénavant, espérant revenir à la vie pour être encore un peu ou voulant me dire le parfum qu'il me faut !

Alors, poussée par mon instinct, j'ouvrirai la porte. Qu'il entre !

– Bonsoir.
– Vous étiez merveilleuse, tragique. Je me suis tellement senti Titus. Vous êtes incroyable ! Je n'ai jamais su dire je t'aime ou, plus exactement, je me suis toujours empêché de le vivre. Ce soir, j'ai compris, j'ai senti, quelle douleur pour cette femme qui m'a attendu en vain et qui a préféré mourir. Je dois lui dire.
– Asseyez-vous là. Je vis ici. C'est mon tiroir, c'est ma vie. Tarte aux myrtilles.

J'ai pris mon flacon de *Shalimar*, je l'ai rangé et, happée par d'anciennes odeurs, j'ai chanté pour lui *Une souris verte*.

« Ouh la la »,
Cherry Flippos,
« La Caillasse, colico Capitaine[39] *! »*
Des rôles légers. Ça va vous remonter le moral. Coco. La coco de Sissy. Vous l'avez vu ? Sissy, l'adolescente. Une pièce étrange, au

Vieux-Colombier. J'avais un frère jumeau, Frantz, on s'aimait. Et aussi, je montrais ma culotte au personnage du curé, en dansant sur Mylène Farmer, et lui, il payait pour la voir, ma culotte. Ce n'étaient que désirs rentrés, troubles. La noix de coco m'évoquait la douceur laiteuse de l'innocence et la dureté de la loi qui ne se transgresse pas, l'inavouable du désir, l'inceste. C'était rond et laiteux, comme les fesses de mon frère en scène.

« Il n'y a plus d'électricité[40] *»*, répondait Frantz à notre mère qui voulait se débarrasser de nous en nous envoyant regarder la télévision.

Oui, *« il n'y a plus d'électricité »*, nous nous retrouvons tous dans le noir, privés de lumière. Et il faut bien faire avec.

Personne ne peut savoir les sentiments qui ne lâchent plus une actrice quand elle plonge dans un rôle. Même l'auteur est dépassé. Il faudrait arracher de son cœur les passions de la scène, il faudrait pouvoir être neutre, cesser de se cogner l'âme au-delà du plateau.

Vous ne pouvez pas savoir comme les rôles nous travaillent, comme le temps nous laboure, comme la souffrance nous ravage…

Et, en même temps, comme je l'aime ce métier. J'aime entrer dans le souffle d'une langue, dans les mots d'un autre, j'aime désirer à en mourir, j'aime avoir mal, j'aime être trop heureuse, j'aime être joyeuse, j'aime perdre tous mes rêves et, soudain, les retrouver amplifiés ou dilués dans un rôle. Alors j'oublie tout, l'âge, le temps qui passe, et je SUIS.

Noyée dans mes mots, j'avais totalement oublié cet homme que j'avais fait entrer dans ma loge. Pour m'excuser, j'ai sorti *Terre d'Hermès*.

Pardon, je voulais vous remonter le moral !
Voulez-vous que je vous parfume ?
Ça sent le soleil et un peu la mélancolie, non, plutôt le souvenir.
C'est le parfum de Marilyn, mon petit personnage de *Poussière*, de Lars Noren.
Mon rôle ? Un silence bruyant.

Comme il ne disait toujours rien, j'ai pensé que je pouvais me confier à lui sans crainte. Je lui ai montré la fameuse enveloppe. Après tout, c'était un être totalement « olfictif ».

Mes résultats d'analyses. Pas bon. Je n'en ai plus pour longtemps... On croit qu'on y échappera, et puis voilà. Ce doit être difficile de ne plus être.
Je vous ai vu, ce soir, les yeux fermés.
Je dois me rendre à l'évidence, vous étiez mort.
Vous êtes mort. Et vous n'êtes pas parfumé. Ce que j'en sais ?
Rien, en vérité.

J'ai peur.
Bientôt mon tour.
Alors je me raconte que vous êtes parfumeur, et que vous êtes venu dans ma loge pour faire mon dernier parfum. Vous la connaissez, la formule du dernier parfum ?
Je vais avoir besoin de trouver le parfum pour ma mort. L'odeur des émotions partagées, celle des heures d'attente immobiles, l'odeur mouvante de la décomposition avant l'éclosion du silence olfactif...
Je serai sublime, immobile, glacée et douce.

Vous sentez encore ? Mort, vous sentez toujours, n'est-ce pas ?

Je sens ma peur.
Ne touchez pas ces flacons.
Je ne sais pas encore ce que je dois en faire.
Si je me pulvérise tous mes rôles, on m'a dit que j'allais sentir le laboratoire de parfumerie, ou pire… Je ne sais pas si c'est vrai, mais je n'ai pas envie d'essayer.
Je vais devoir prévenir l'Administrateur… mais personne d'autre, que personne ne sache.
Quand je serai morte, je veux sentir le manque.
Il paraît que le vide galactique est rempli de molécules odorantes, alors pourquoi ne pas y ajouter celles de mon dernier parfum ?

Vous savez, vous, à qui vous allez manquer ?
Moi, non.
Je n'y ai jamais songé.
D'aucuns diront que je vais manquer à mes spectateurs.
Je n'y crois pas.
Ce qui leur manquera, leur manque déjà, c'est l'émotion qu'ils ont pu ressentir quand je jouais, mais elle disparaît dès la fin du spectacle. Elle est morte bien avant moi.

Je n'ai pas rencontré l'absolu d'amour ; alors probablement que je ne manquerai à personne. Pas comme Tante Marcelle. Vous croyez que son fils Albert lui a manqué ? Elle m'a dit que non, mais je ne la crois pas sincère. Elle a dû lui manquer, à lui. Sinon, il n'aurait pas été si méchant durant toute sa vie. Et il n'aurait pas fourni Maman en rouges à lèvres de luxe à porter pour tenir la caisse à la boucherie, des rouges comme ceux que portait Tante Marcelle. Il disait que c'était pour plaire à la clientèle. Moi, je crois que c'était pour avoir près de lui l'illusion de sa mère.
Je ne sais même pas le nom de l'amoureux de Tante Marcelle.
Comment a-t-elle pu lui survivre ?
Elle l'adorait, je le voyais dans ses yeux quand elle en parlait.

Vite, il me faut un amour en devenir, comme ça, il aura mon absence en souvenir.
Quand il ira au théâtre, au détour d'un spectacle lui reviendra l'odeur de mes costumes, entre la poudre mêlée à ma transpiration et la poussière du placard dont ils proviennent ; et

les restes de parfum du rôle, nichés dans les plis des tissus.
Et si les projecteurs à l'ancienne sont toujours là, il aura parfois l'odeur des filtres colorés qui se consument doucement devant les lampes trop chaudes, et je serai là, devant lui.
Mon odeur acide de peur, il ne l'aura jamais su. Elle commence dans le noir des coulisses, juste avant mon entrée en scène, et elle s'amplifie pendant toute la représentation, pendant tout le temps où je sens vos yeux sur moi qui scrutent qui je suis.
Je ne pense pas que mon odeur de peau lui manquera.
Celle du shampoing dans mes cheveux, peut-être.
C'est difficile de savoir ce qu'il aura aimé de moi, en si peu de temps.

J'ai pris l'enveloppe maudite et je l'ai jetée dans ma corbeille. Le rire m'a pris au ventre, à la gorge, à la tête. J'ai voulu expliquer. J'ai pris le face-à-main de ma Tante Marcelle et je me suis parlé, en me regardant bien droit dans les yeux.

L'Actrice.
Elle est la seule à s'être parfumée.
En bas, ils sont nombreux à revendiquer de porter des parfums pour jouer leurs rôles, mais elle considère que c'est elle qui a fait des émules.
Elle ne revendique cependant pas la paternité de cette idée qu'il est important de se parfumer pour être en scène : la paternité est une notion-problème dont elle ne veut pas s'encombrer.
En dessous, ils en sont arrivés à demander à des robots de leur inventer des parfums. Pourquoi pas aussi inventer des êtres ?
Elle arrive ici, parfumée.
Heureuse et parfumée.
Elle danse, presque tout le temps.
Le vide est empli de molécules odorantes. Elle les remue !
Nous l'avons classée aux « éclectiques ».
Parfums variés, existences variées, personnalités très différentes. Du grand chic au bas de gamme, mais avec délice, toujours la même joie au souvenir des matières d'ici-bas.
Aux « éclectiques », elle voyage énormément. Par exemple, elle peut suivre l'odeur de la carotte dans la soupe de Mémé, sublimer l'odeur du

poireau dans ladite soupe, s'envoler en deçà de la recette de la soupe pour entrer dans la cuisine et entendre le rire de la vieille dame lorsqu'elle montre à ses petits-enfants le dernier bébé lapin né au clapier. Il est chaud, doux et il sent la paille. Et aussi un peu le pipi, comme sentait la cage du hamster quand elle était à l'école.
Nous aurions pu opter pour les « insaisissables ». Mais elle a réussi avec son dernier parfum à y échapper.
Elle EST, dans l'au-delà.

Je me suis embrassée. L'homme était toujours là.

Le sillage de mes rôles, il ne manquera qu'à mes personnages. Ça me rend triste de les abandonner.
Cet amour dont je vous parle, il sera heureux et sourira quand il ouvrira le flacon de mon dernier parfum.
Celui pour lequel j'ai besoin de vous, monsieur l'illusionniste.
Vous êtes entre deux, n'est-ce pas ?
Alors, au passage, pourriez-vous transmettre à un nez une lettre de ma part ? Un vrai nez.

Cher Monsieur,

À travers mon parfum, je souhaite mettre en valeur l'éphémère de ma vie.
Je porte du parfum pour continuer d'être.
Ce parfum, je le veux pour l'inconnu du deuxième rang, mon émissaire vers l'au-delà, qui vous aura remis cette lettre ce soir.
Je ne vous dirai pas les parfums qui m'ont le plus marquée, je joue en ce moment leur histoire et peut-être trouverez-vous le loisir de venir me voir ?
Ce parfum que je vous demande instamment, je désire le porter dans l'éternité, pour l'éternité.
J'habite, pour un mois à un an, sur la scène du théâtre.

Oh ! ne partez pas sans ma lettre !
Dites-lui que le nom de ce parfum, j'aimerai que ce soit *Absence.*
Absence.

J'ai plié la lettre, refermé mon tiroir et la porte de ma loge n'a plus voulu s'ouvrir.

Glossaire des parfums et des rôles

Jacomo de Jacomo, le parfum d'Antigone dans la pièce de Jean Anouilh

La maison Jacomo a été fondée en 1965 par l'américain James Kaplan et le français Gérard Courtin. Ce dernier puisait son inspiration dans la ville de New York. Il a fait créer pour les femmes un parfum, en 1978, *Silences*, par Gérard Goupy et Jean-Charles Niel, qui s'inscrivait dans les classiques du moment. Face à son succès, il demanda à Christian Mathieu de créer son pendant masculin en 1980 : *Jacomo* de Jacomo.

Ce parfum évoque une virilité corsée, sensuelle et une masculinité intemporelle. Du cuir, des épices, des bois et un côté oriental envoûtant qui sent la terre, la racine, et va ainsi à la rencontre d'*Antigone* d'Anouilh.

Dans la pièce créée en 1944 au Théâtre de l'Atelier pendant l'occupation allemande, le personnage principal, Antigone, n'a pas peur de gratter la terre pour donner une sépulture à son frère. Le texte évoque la tragédie des haines irréconciliables. Dans la version d'Anouilh, cette tragédie n'est plus imposée par les dieux mais par les hommes. Ce sont eux qu'Antigone doit braver, leur hypocrisie et leur orgueil. Elle a une volonté si forte qu'elle dépasse tout compromis et ne redoute pas sa propre mort. Son parfum est aussi masculin que sa combativité.

Shalimar **de Guerlain, le parfum de Bérénice dans la pièce de Racine**

Shalimar a été créé par Jacques Guerlain en 1925 à l'occasion de l'exposition internationale des arts décoratifs. Volant au-dessus des modes, il fêtera son siècle l'année prochaine. À l'époque de sa création, l'Orient était dans tous

les esprits. Ce nom, qui veut dire « temple de l'amour », évoque l'exotisme mais aussi l'émancipation de la femme. Imaginé comme le Shah Jahan avait imaginé un palais posthume, le Taj Mahal, pour la femme qu'il adorait, ce parfum se veut un message d'amour intense.
Bérénice est une tragédie de Jean Racine, jouée pour la première fois en 1670. Titus renonce à l'amour pour la raison d'État et Bérénice doit accepter cet amour qui lui est arraché, prématurément, sans entrer dans la mort mais en acceptant de vivre l'impensable pour elle. Elle exhale la beauté d'une tristesse insondable. Peut-on imaginer qu'elle retrouve l'amour de Titus en se parfumant avec *Shalimar* ?

L'Olympia Music-Hall **de Histoire de parfums pour** ***Music-Hall*** **de Jean-Luc Lagarce**

En 1988, à Besançon, Jean-Luc Lagarce, auteur contemporain prématurément disparu à 38 ans, créait sa pièce. Comme tous les soirs, La Fille, personnage principal, chante, danse, raconte les aléas de sa vie d'artiste au milieu de ses *boys*. Hommage tendre au milieu du spectacle, du music-hall, exposé délicat de la solitude de l'artiste, La Fille a l'habitude de sentir les vieux rideaux, la poussière des théâtres qui l'accueillent, mais elle reste vive et convaincue, tout comme le parfum qu'elle va porter, *Music-Hall*, fragrance imaginée par Gérald Ghislain en 2012, avec des odeurs citronnées qui se mêlent à l'encens, la vanille, les fruits rouges… On imagine les velours épais recouvrant les sièges, le moelleux des loges, tout un univers féminin et accueillant.

Vierge de Fer de Serge Lutens, le parfum de _L'Événement_ d'Annie Ernaux

Serge Lutens a donné ce nom à un parfum aérien et floral composé par Christophe Sheldrake en 2013, dont la base est le lys, c'est-à-dire une des fleurs qui servaient à l'embaumement des corps, mais aussi la fleur que Marie reçoit de l'archange Gabriel. La « vierge de fer », à l'origine, est le nom d'un instrument de torture qui vient ici en écho aux propres blessures du créateur du parfum. Le parfum évoque la peur mais aussi la force des individus pour affronter leurs cauchemars, une ode au courage.

Dans *l'Événement*, le personnage d'Annie Duchesnes se retrouve dans un monologue à témoigner de l'état arriéré de la société face à la femme et à ses droits fondamentaux. La description clinique du parcours dramatique de cette jeune femme qui veut se faire avorter avant la loi Veil demande une force incroyable et, ironie, suppose de se parfumer avec *Vierge de Fer*.

***Juste un rêve* de Nicolaï, le parfum de Roxane dans *Cyrano de Bergerac* d'Edmond Rostand**

Pièce au succès non démenti depuis sa création en 1897 dans laquelle Roxane est la cousine du personnage principal, Cyrano. Coquette et éprise avant tout d'elle-même, elle aime tester sa séduction et va l'exercer sur Christian. Cyrano va lui révéler ce qu'est la réelle nature de l'amour, ce n'est pas « juste un rêve » et cette révolution va l'amener, après la mort de Christian, à se retirer du monde et entrer au couvent.

Pour échapper aux Guerlain, famille dont elle est originaire, Patricia de Nicolaï fonde la maison Nicolaï. Femme d'exception née dans un milieu éminemment masculin, elle présente en 1977 sa première eau fraiche. Puis *Juste un rêve*, un parfum de dame mûre, opulent. La noix de coco n'est pas la note que l'on retient le plus mais son sucré est présent, au loin. Le propos n'est pas affirmé et le titre dit beaucoup de cette envie de passer un instant dans un rêve…

***Paris* d'YSL et *N'aimez que moi* de Caron, les parfums pour Gisèle Halimi dans *Hors-la-loi* de Pauline Bureau**

Parfum créé en 1916 par Ernest Daltroff pour Caron, *N'aimez que moi* a été synonyme de réconfort pour celles qui le portaient dans l'entre-deux-guerres. Un bouquet de fleurs qui part de la rose pour nous glisser jusqu'à la douceur qu'évoque la violette. Ces mêmes bouquets se retrouvent dans *Paris* d'YSL, où l'on peut imaginer que les roses d'Oran et de Marrakech auraient rappelé à Gisèle Halimi les odeurs rencontrées dans son enfance ? La poudre de riz et le santal ont fait de ce parfum l'idée d'une promesse de bonheur.

Dans la pièce écrite en 2019 par Pauline Bureau, ces deux parfums dominants racontent aussi la femme affirmée et forte qui a combattu lors du procès de Bobigny pour faire progresser le droit des femmes à disposer de leur corps et à avorter.

Flower de Kenzo, le parfum de Marguerite dans _L'Âne et le Ruisseau_ d'Alfred de Musset

Parfum très populaire et ayant marqué les esprits avec le coquelicot qui ornait l'emballage du flacon dessiné par Serge Mansau. Le parfum a été créé en 2000 par Alberto Morillas, un nez espagnol qui a recherché les senteurs chaudes de son pays natal. Le musc blanc associé à la rose bulgare vont donner une idée de simplicité. Marguerite, dont le prénom évoque aussi bien la fleur des champs que le coquelicot, est un personnage d'amoureuse dans une pièce de Musset en un acte de 1855 qui ne sera créée à la Comédie-Française qu'en 1961…

L'Eau des jardins d'Eugénie, fragrance de Cupidon dans _Psyché_ de Molière

Eau de toilette autrefois cachée dans les trésors de la demeure de Christine et Michel Guérard à destination de ses hôtes à Eugénie-les-Bains, on ne la trouve plus, mais l'impératrice Eugénie, qui s'était arrêtée dans cette contrée en 1861, y a laissé tout un imaginaire. Cette eau évoquait l'herbe, la campagne, une légèreté complice de Cupidon, ce petit dieu facétieux, fils de Vénus sorti de la tragi-comédie *Psyché* de Molière, écrite en 1671.

***Pour un homme* de Caron**

Ce parfum créé en 1934 par Ernest Daltroff sur un accord simple de lavande, de foin et de vanille nous emmène au pays des dragées, dans leur suavité… Tout un programme pour qui croiserait un homme qui en serait parfumé et dont la douceur nous arrêterait probablement !

***Rosa* de l'Erborario, le parfum de Rosette dans *On ne badine pas avec l'amour* d'Alfred de Musset**

Porter de l'odeur de rose, ne serait-ce pas s'affirmer en tant que femme ? En flirtant avec le parfum envoûtant de ces fleurs qui font la fierté des jardiniers ? Paolo Cerizza a créé *Rosa*, le secret de sa douceur réside dans l'association avec un peu de musc blanc, l'odeur qui attire, comme un piège…

Rosette est une amoureuse jeune et pure, sincère, qui ne se méfie pas de la duplicité des autres. Elle croit tellement aux déclarations d'amour de Perdican qu'elle en mourra quand elle découvrira qu'il s'est joué d'elle dans le but de rendre une autre jalouse. Musset l'écrit en 1834, la pièce est représentée depuis 1861.

***Vanille-Abricot* de Comptoir du Pacifique, le parfum de Tomasina dans *Arcadia* de Tom Stoppard**

Ce parfum a été imaginé par Pierre et Josée Fournier, qui ont développé depuis 1974 des parfums évoquant le voyage et l'exotisme. La vanille, c'est l'odeur avec laquelle on se cache, celle qui respire la tendresse, une odeur asexuée. Lorsqu'on y ajoute l'orange de l'abricot et de la papaye, toute l'enfance remonte, comme si la vie devenait caramel, douce et sucrée, réconfortante comme un doudou d'enfant.
Tom Stoppard, dramaturge britannique, a écrit *Arcadia* en 1993. L'histoire se déroule entre 1809 et 1989, c'est une enquête entre deux temps pour explorer la question de la preuve et de la vérité. Tomasina, jeune fille aux intuitions

scientifiques incroyables est encore une enfant, comme son parfum l'évoque, et nous parle pourtant depuis le XIXe siècle.

Ambre Sultan de Lutens, le parfum d'Esther dans la pièce de Jean Racine

Ce parfum composé pour Serge Lutens par Christopher Sheldrake, à la fois masculin et féminin, entre ambre et santal, affirme très nettement le fait de ne pouvoir renoncer à une certaine innocence... *Esther* est une pièce de commande pour Racine qui doit satisfaire Madame de Maintenon, épouse secrète de Louis XIV, et un esprit de tolérance religieuse que lui permet son sujet. Il propose un personnage de perfection féminine et de piété qui finalement se pare peut-être d'un peu de masculinité ?

Patchouli Antique de Néréïde, le parfum d'Alarica dans _Le Mal court_ de Jacques Audiberti

Ce parfum pourrait sembler être destiné uniquement aux hommes tant on y trouve de vétiver et de cèdre, mais le patchouli vient donner une saveur féminine de miel à l'ensemble et surtout,

évoque nos grands-mères, ces femmes que l'on imagine toujours emplies d'une grande sagesse et qui résistent au temps, comme la résine… C'est le parfum culte de la maison créée en 1980 par Pascale et Enzo Amaddeo.
Dans le texte d'Audiberti créé en 1946, la princesse Alarica se retrouve victime de policiers cyniques et va apprendre que non seulement le mal court mais qu'il rôde et couve toujours. Le parfum vient nous dire une féminité suffisamment masculine pour répliquer d'une provocation à chaque humiliation essuyée.

Ombre rose de Jean-Charles Brosseau pour le personnage de Sacha dans *Platonov* d'Anton Tchékov

Dans la première pièce de Tchékov qu'il écrit à 18 ans, vers 1878, l'auteur dit son admiration pour une interprète de son époque. Il développe avec Sacha un personnage de femme trompée qui reste digne jusqu'au bout. Elle va porter *Ombre rose*, premier parfum de Jean-Charles Brosseau, créé en 1981 par Françoise Caron, qui nous renvoie à l'odeur poudrée des femmes d'autrefois avec ses notes d'iris, de rose, de vanille et de santal. Tout ce que l'on perçoit dans ce parfum va aller à la rencontre de femmes qui seront conquises par l'affirmation subtile de la féminité, que ce soit en Europe mais aussi aux États-Unis, au Moyen-Orient et en Extrême-Orient.

Musc Blanc de l'Erborario, le parfum de _La Mégère apprivoisée_ de Shakespeare

Ce parfum ajoute toujours une touche charnelle car le musc est issu à l'origine de la sécrétion d'une glande de chevrotin de pays lointains. Ces animaux mourraient le plus souvent au moment de la « récolte », quand on découvrit cette fragrance aux alentours de 1800. La pratique fut condamnée et les produits de synthèse l'ont remplacé magistralement pour leur odeur de peau.

Violette in love de Nicolaï pour _La Ronde_ d'Arthur Schnitzler

Tout est dans le nom de ce parfum ! De la violette, des fleurs et un peu de foin… pour une pièce de l'auteur autrichien publiée en 1903 et immédiatement censurée pendant presque vingt ans pour des motifs de morale puisque chaque personnage présente successivement deux partenaires amoureux.

Rouge Hermès pour femme, le parfum d'Elvire dans _Dom Juan_ de Molière

Parfum de l'amour idéal, une fragrance simple à appréhender avec des fleurs dans un sous-bois mais aussi l'ambre qui érotise délicatement l'ensemble, imaginé par la parfumeuse japonaise Akiko Kamei en 2000. Cela pourrait se symboliser par une rose rouge, belle mais avec épines, comme Elvire qui est l'amour vrai et juste face à la perdition du personnage de Dom Juan. Elle ira jusqu'au bout de la maturité dans l'amour, là où Dom Juan s'enfoncera dans une enfance qui le tuera.

Gloria Vanderbilt de Vanderbilt, le parfum de Sarah dans _Les Enfants du silence_ de Mark Medoff

La pièce date de 1980 et met en scène Sarah, une jeune fille sourde qui travaille comme femme de ménage dans une école pour sourds et malentendants et va vivre la naissance d'un amour avec un professeur. Elle porte *Gloria Vanderbilt*, nom d'une riche famille des États-Unis qui a joué un rôle important dans son histoire économique et artistique. Le parfum fut créé en 1982 par Sophia Grojsman sur le thème de la rose, elle s'en inspira l'année suivante pour créer *Paris* d'YSL, en 1983, sur le thème de l'amour.

***Poême* de Lancôme, le parfum de Juliette dans *Roméo et Juliette* de William Shakespeare**

La maison Lancôme s'est créée dans les années 1930 et a demandé en 1995 à Jacques Cavallier, créateur de l'*Eau d'Issey* pour homme, d'inventer un parfum pour femme. Partant du pavot bleu de l'Himalaya, ajoutant des fleurs de lychee, du jasmin, du mimosa et la merveilleuse vanille, il a trouvé, le discours d'une féminité empreinte de gaité mais néanmoins placée entre l'ombre et la lumière. Juliette est déchirée entre l'homme qu'elle doit épouser et Roméo, l'homme pour lequel elle vibre. Comment choisir ?

Une souris verte* de Molinard, parfum des *Fables de La Fontaine
Parfum volatile, végétal, citronné, qui n'embarrasse personne tant il est discret, comme la délicate poésie de Jean de La Fontaine, avec une pointe de romarin qui fait vivre immédiatement les petits lapins dans notre imagination.

Solinotes, *Fleur de cerisier*
Parfum de cerise et de bonbon, pour les personnages qui cachent leur gourmandise…

***Tarte aux myrtilles* de Laurence Dumont**
Créé en 2007, pour sentir bon la pâtisserie d'enfance…

***Terre d'Hermès*, le parfum de Marilyn dans *Poussière* de Lars Noren**
Dans la pièce de Lars Noren, créée en 2018 à la Comédie-Française, l'auteur a cherché des comédiens prêts à envisager leur propre vieillesse pour donner vie à des personnages qui affrontent leur fin de vie, plaçant ainsi ses inquiétudes face à la mort. Tour à tour, ils vont disparaître après avoir tenté, non sans

humour, de gagner une sorte de concours du plus malheureux sur terre. Seul le personnage de Marilyn, personnage muet, un peu femme mais un peu homme aussi, va survivre, tel un ange. Elle frotte sempiternellement le sol recouvert de poussière. Son parfum, *Terre*, est intemporel. Écrit en 2006 par Jean-Claude Ellena, il évoque à la fois la terre et la mer. Minéral autant que boisé, on peut imaginer grâce à lui la poussière des restes d'une vie passée sans mélancolie, sublimée par un zeste de la force orange qui picote là où l'amour demeure, même quand le brouillard domine.
Une odeur d'absence qui est odeur d'amour.

Notes

1. *Bérénice*, Jean Racine.
2. *Ibid.*
3. *Music-Hall*, Jean-Luc Lagarce.
4. *Antigone*, Jean Anouilh.
5. *Ibid.*
6. *Ibid.*
7. *Ibid.*
8. *Bérénice*, Jean Racine.
9. *Hors la loi*, Pauline Bureau.
10. *Antigone*, Jean Anouilh.
11. *L'Âne et le Ruisseau*, Alfred de Musset.
12. *Ibid.*
13. *Cyrano de Bergerac*, Edmond Rostand.
14. *Ibid.*
15. *Psyché*, Molière.
16. *Griefs*, d'August Strindberg, Henrik Ibsen, Ingmar Bergman.
17. *Psyché*, Molière.
18. *Ibid.*
19. *On ne badine pas avec l'amour*, Alfred de Musset.

20. *Ibid.*
21. *Cyrano de Bergerac*, Edmond Rostand.
22. *Aracadia*, Tom Stoppard.
23. *Ibid.*
24. *Les Naufragés*, Guy Zilberstein.
25. *Le Mal court*, Jacques Audiberti.
26. *La Ronde,* Arthur Schnitzler.
27. *Platonov*, Anton Tchekhov.
28. *La Mégère apprivoisée*, William Shakespeare.
29. *Platonov*, Anton Tchekhov.
30. *Antigone*, Jean Anouilh.
31. *Platonov*, Anton Tchekhov.
32. *Amorphe d'Ottenburg*, Jean-Claude Grumberg.
33. *Esther*, Jean Racine.
34. *Bérénice*, Jean Racine.
35. *Ibid.*
36. *Ibid.*
37. *Ibid.*
38. *Ibid.*
39. *Vingt Mille Lieues sous les mers*, Jules Verne, adaptation C. Hecq et V. Lesort.
40. *Erzuli Dahomey, déesse de l'amour*, Jean-René Lemoine.

Chez le même éditeur

La visite curieuse et secrète
David Wahl
Théâtre

Darius
Jean-Benoît Patricot
Roman épistolaire

PompierS
Jean-Benoît Patricot
Théâtre

J'ai plus d'un vieux dans mon sac,
si tu veux je te les prête
Marie-Do Fréval
Théâtre

Dépôt légal : juillet 2024 - N° imprimeur : 072479070

Imprimé en France par Présence Graphique - Monts.